AF129857

ANTIDICTIONNAIRE DE L'HACKADÉMIE FRANÇAISE

Tome II

Du même auteur

Antidictionnaire de l'Hackadémie française, 2023
Faux Jetons, Éditions Omake Books, 2019

De la même co-autrice

Antidictionnaire de l'Hackadémie française, 2023
Listes de courses
Menus de cantine

Ludovic Gorges
Alexandra Freulon

ANTIDICTIONNAIRE DE L'HACKADÉMIE FRANÇAISE

Tome II

Tous droits de reproduction, d'adaptation et de traduction, intégrale ou partielle réservés pour tous pays. Les auteurs sont seuls propriétaires des droits de ce livre.

Le Code de la propriété intellectuelle interdit les copies ou reproductions destinées à une utilisation collective. Toute représentation ou reproduction intégrale ou partielle faite par quelque procédé que ce soit, sans le consentement de l'auteur ou de ses ayant droit ou ayant cause, est illicite et constitue une contrefaçon, aux termes des articles L.335-2 et suivants du Code de la propriété intellectuelle.

© 2024 : Ludovic Gorges & Alexandra Freulon
Édition : BoD • Books on Demand GmbH, In de Tarpen 42,
22848 Norderstedt (Allemagne)
Impression : Libri Plureos GmbH, Friedensallee 273, 22763 Hamburg (Allemagne)
Couverture : Ludovic Gorges – Image générée par DALL.E (OpenAI)
Mise en pages : Florent et Ludovic Gorges

ISBN : 978-2-3224-7725-8
Dépôt légal : Novembre 2024

Table des matières

Les auteurs en chiffres 008

Remerciements (à lire obligatoirement) 009

Nos généreux contributeurs 011

Introduction du patron 012

Introduction de la pochtronne 014

Introduction de l'éminence grise 015

Conversation privée avant publication 016

Avertissement 017

Premier mot : lettre A 018

Dernier mot : lettre Z 143

Index 144

Rejoignez-nous sur Facebook ! 145

L'Hackadémie sur Facebook 147

Notes (créez ici vos propres définitions) 150

In the Olympic fight, in the city of lights, be a winner, be bright
Ferme la porte, t'as la pookie dans l'side
Au stade Saint-Denis, à la Concorde, aux Tuileries
Pookie, pook-pook-pookie

– Arielle Nakamura, *Olympics in the pookie*

Chérie, où sont mes bouchons d'oreille ?

– Ludovic Gorges

Les auteurs, en chiffres

Ludovic Gorges
(sur l'échelle d'Aya Nakamura)

Revenu : 0,0008 % (Je n'en reviens toujours pas).
Nombre d'albums vendus : 0 % (Je ne vends pas d'albums).
Nombre de tympans détruits : 0,0001 % (Ceux de mon épouse, c'est tout).
Compatibilité avec le *Bescherelle* : 3 000 000 %.

Alexandra Freulon
(sur l'échelle d'Arielle Dombasle)

Chirurgie plastique : 0 % (Tous mes défauts sont naturels).
Taux d'équipement en tuyaux de ventilation* : 25 % (Salle de bains et WC).
Chanson : 36 % (Parfois, Arielle chante bien. Mais moi, c'est quand même pire).
Physique : On l'avait déjà dit... Pas le physique !!

Sources : Tous ces chiffres ont été balancés au hasard... Ils sont ensuite retombés exactement où il le fallait dans les phrases correspondantes.

* Vous n'avez pas la référence concernant les « tuyaux de ventilation » ?
Alors vous avez manqué l'immanquable prestation olympique d'Arielle Dombasle devant la Mairie de Paris, le 14 juillet 2024. Elle est disponible sur YouTube.

Remerciements (à lire obligatoirement)

Merci à tout le monde. Page suivante !…

Je (Ludovic) pourrais effectivement bâcler cette rubrique en balançant un lâche « Merci à tout le monde ».

Je gagnerais du temps et vous épargnerais une lecture fastidieuse (hormis les masochistes et les amis de l'auteur, personne ne se coltine jamais les remerciements).

Seulement voilà, « Merci à tout le monde » ne convient pas.

Il s'agit une formule passe-partout englobant une masse d'individus qui ne sont absolument pas concernés par le projet. Non pas qu'ils aient refusé de nous filer un coup de main, mais parce qu'ils vivent leur vie séparement de nous et qu'ils ont, à l'image des Parisiens, d'autres rats à fouetter.

« Merci à tout le monde » est non seulement un raccourci de feignasse, mais c'est surtout un programme de bolchévique : les tire-au-flanc reçoivent des grâces imméritées tandis que les vrais bosseurs, invisibilisés dans le collectif, se partagent de dérisoires miettes de gratitude.

Bref, remercier l'intégralité des êtres, c'est ne remercier personne et se mettre les bosseurs à dos… Qui, donc, mérite d'être remercié en premier ?

Mon acolyte Alexandra, évidemment. Après avoir fait passer son compte bancaire du rouge au vert dès la sortie du premier tome, Alex a compris tout l'intérêt financier et le prestige qu'elle pouvait retirer d'une association avec un machiste comme moi. Bien qu'elle ait un peu traîné des pieds pour ce tome 2, elle a toujours autant de répartie que d'humour, la grognasse.

Remerciements fraternels à mon frère éditeur, Florent Gorges, qui avait assuré la mise en pages du premier tome en l'échange de trois Malabars périmés. Cette année, il m'a forcé à faire la mise en pages moi-même, sous prétexte qu'il bosse déjà 120 heures par semaine, alors que moi, dit-il, c'est 12. Il a eu tout de même l'amabilité de m'envoyer les fichiers *InDesign* du tome 1 pour que je ne reparte pas de zéro. Bref, si vous aimez les jeux vidéos rétro et leur histoire, courez acheter ses livres sur www.omakebooks.com.

Remerciements affectueux à mon papa Gérard Gorges qui avait beaucoup aimé le premier tome parce que je suis son fils. Comme je suis toujours son fils, il adorera sans doute le tome 2.

Remerciements secrets à DuG, qui a rejoint l'Hackadémie en cours d'année, portant à trois le nombre de ses membres (il vous a réservés quelques mots d'introduction un peu plus loin). DuG, c'est l'éminence grise de l'Hackadémie.

Dans l'ombre, il déniche des idées de publications et de bons mots sur la page Facebook de l'Hackadémie. Avec Alex, il me vanne très correctement sur notre groupe What's App, généralement en mon absence. Oui, DuG est un pseudo. Non, vous ne connaîtrez jamais sa véritable identité, car il a une réputation à défendre.

Remerciements magiques à mon ami magicien et graphiste Jean-Charles Briand, qui a composé la couverture du livre, ainsi que des flyers qui voleront à la rencontre de nos futurs lecteurs. Il l'avait déjà fait pour le premier tome, et il a réitéré son soutien ! Après mon frère, c'est mon chauve préféré.

Remerciements éternels à tous nos maîtres : les géants du verbe qui jonglaient ou jonglent encore avec les mots ; ceux qui ont trempé leur plume dans l'encrier du calembour, de la satire, de l'esprit. Dans une encre qui, à l'image de leur humour, n'est pas toujours de la même couleur… Esentiellement (mais nous en oublions) : Alphonse Allais, Laurent Baffie, Francis Blanche, Coluche, Pierre Dac, Frédéric Dard, Stéphane De Groodt, Pierre Desproges, Raymond Devos, George Perec, etc.

Remerciements ponctuels à tous ceux qui font l'actualité et qui constituent pour l'Hackadémie une intarissable source d'inspiration : les comiques malgré eux que sont les hommes et femmes politiques ainsi que les « vedettes du showbiz », pour employer une expression un tantinet désuète. Continuez à nous faire rire. Vous êtes notre carburant, notre sans plomb dans la cervelle.

Remerciements indispensables à vous, lecteurs… et lectrices (voyez comme nous sommes inclusifs !) Vous qui aviez déjà acquis le tome 1, et n'attendiez de l'avenir qu'une seule et unique source de joie (la sortie du tome 2). Vous qui découvrez, avec cet opus, le travail de l'Hackadémie, et qui ne manquerez pas… de vous jeter sur le tome 1 !

Remerciements hackadémiques à nos contributeurs (cf. Page suivante), qui nous ont spontanément proposé des définitions de leur cru ! Démontrant par là qu'ils avaient parfois l'esprit plus tordu que nous ! Nous leur avons systématiquement demandé l'autorisation de publier leurs trouvailles dans ce tome 2. Ils ont tous dit oui ! Sauf un, que nous avons torturé, et qui a vite changé d'avis.

Et pour terminer cette liste de noms jetés en long, en large et en Prévert, je m'adresse à moi-même de solides compliments pour la rédaction de ces remarquables remerciements.

Nos généreux contributeurs

Vous nous avez envoyé vos trouvailles en message privé ou en commentaire sur notre page Facebook, et nous avons sélectionné les meilleures...

Celà étant dit, CALMEZ-VOUS ! (avec l'intonation d'Éric Antoine).

Il est assez rare que vos idées ou définitions aient été acceptées en l'état.

Les exigences de l'Hackadémie sont telles qu'il a souvent fallu jouer du scalpel pour amincir la formulation et supprimer le gras inutile. Rien de grossophobe là-dedans. Vos définitions étaient la plupart du temps un matériau brut nécessitant ciselage, polissage et vernissage.

Dans quelques rares cas, nous n'avons rien trouvé à redire, ce qui nous a fait enrager, croyez-nous...

Voici donc la liste des généreux contributeurs ayant enrichi ce tome 2 (et ses auteurs ᴧᴧ) :

- Adrien Tauzin : accumuler, antimoine, blablater, charlatan, confort, cucurbitacée, judas, Louis XVI, Sarkozy.
- Anabelle Roche : pudeur, pudique.
- Annie Quiécout : abscons.
- Arn Aud : Hidalgo.
- Cécile Sube : forêt.
- Christian Bacq : épiphanie, perruque.
- Cyril Rabien Kiril Raldernier : lampadaire.
- David Gruner : marteau.
- Didier Tillit : censure, panier à salade.
- DuG (notre éminence grise) : aberration, banalité, biaisé, Caravan, carbonique, concubin, dermatologue, endormir, Hollande, militante, misogyne, Patrick, rigidité, se faufiler.
- Éléonore Moine : censure, laitue, pinailleur.
- Florian Fourot : parabole.
- Françoise Bugsel : parabole.
- Guitoune Camille Settal : Emmanuel Macron, Japon.
- Iliya Ilitch Stepanow : toc.
- Jan-Guillaume Speeder : laitue.
- Jean-Charles Briand : coup de boule.
- Jean Grenon : contestataire.
- Jérôme Ligonnière : mégalomane.
- Laurent Fenelon : Eu.
- Olivier Mervelay : émasculation.
- Patrick Turgis : ministère.
- Philippe S. (notre principal fournisseur) : allopathie, antisémite, armoire à glace, cachalot, clepsydre, collagène, colporteur, consentant, démentiel, émule, excédentaire, fécondation in vitro, funambule, ingrat, intestin grêle, lunatique, malfaiteur, orchidée, perspicace, phonétique, streptocoque.
- René Cantarel : plombier.
- Tof Bé : abonnés, loufoque, Pentagone, Périgueux.
- Vangvang Nualas : analyste.

Introduction du patron
Par Ludovic Gorges

Vous nous avez manqué.

Avouons cependant que l'inverse est encore plus vrai : nous vous avons manqué !

Et nous avons des preuves.

Pas un jour (bon ok, pas un mois) ne s'est écoulé sans que l'un ou l'une d'entre vous ne nous supplie à genou (il nous plaît de vous imaginer dans cette posture) pour savoir si un tome 2 sortirait bientôt des presses.

Stratégie de communication oblige, nous avons systématiquement attendu six à sept jours avant de répondre à vos messages :

1. Pour que vous ne vous sentiez pas trop « importants ». Notre prestige en aurait pâti.

2. Pour nous faire désirer.

3. Pour accentuer chez vous cette sensation de manque, et donc abaisser les dernières barrières psychologiques qui, au moment de passer à l'achat, pourraient se dresser entre vous et votre carte bancaire.

Eh bien voilà, nous y sommes !

Un an s'est écoulé depuis la parution du premier tome, qui s'est vendu, s'il vous plaît, à tout près de 400 exemplaires. Joli score pour un livre auto-édité et n'ayant bénéficié d'aucun relais dans les grands médias : ni préface de Laurent Baffie, ni invitation chez Ruquier, ni critique sur France Sphincter (ils préfèrent inviter et dénuder Philippe Katerine).

Un an que vous ne tarissez pas des loges (de théâtre). Un an que vous nous réclamez une suite (d'hôtel). Un an que nous échangeons avec vous sur notre page Facebook.

Cette agora, créée le 19 septembre 2023, aura attiré plus de 4200 abonnés en moins d'un an (une moyenne supérieure à 11 recrues par jour).

Tout cela grâce au harcelèment exercé sur mes amis, sur les amis d'Alexandra, sur les amis de nos amis, et sur des inconnus qui sont devenus nos amis, décidant à leur tour de harceler d'autres inconnus, quitte à perdre des amis... Résultat : le rayonnement de l'Hackadémie française, bien qu'encore très inférieur à celui de l'Académie française (sans H et sans K), s'accroît de jour en jour.

À la lecture de ce qui précède, si vous mettez les pieds pour la première fois dans l'univers de l'Hackadémie, vous pourriez vous laisser envahir par l'idée que nous avons pris la grosse tête...

C'est faux. Personnellement, je l'ai toujours eue.

Ma maman, qui a eu la chance et l'honneur de m'expulser 47 ans plus tôt, en sait quelque chose.

Fort heureusement, ma co-autrice Alexandra (qui s'introduira en vous dans un instant) est l'anthithèse de ma personne : cette femme n'a absolument pas le melon. Elle a effectivement compris qu'en raison de ses capacités limitées, il ne servait à rien de l'avoir.

Si vous estimez que je manque, moi, de modestie, c'est de votre faute. Vos retours dithyrambiques sur le premier tome et vos commentaires sur la page Facebook m'ont rendu vaniteux.

Désormais, ma femme me vouvoie, mon banquier me fait crédit illimité, et les caissières du supermarché me demandent des autographes.

Ce tome 2 reste évidemment fidèle à l'esprit de l'Hackadémie française : détourner le sens des mots comme un hacker le ferait avec les données d'un ordinateur. Vous y trouverez 510 définitions sculptées, ciselées, polies, impolies.

510 créations originales, puisées le plus souvent dans les tréfonds de notre problématique cerveau, cultivées parfois dans le champ fertile de l'actualité ou de notre société. Certaines ont été imaginées par les plus créatifs de nos lecteurs et de nos abonnés Facebook !

Avant de vous quitter (façon de parler), quelques mots sur la couverture. Le « V » que les deux auteurs forment avec leurs doigts, c'est à la fois celui de la Victoire, et le « II » du Tome II.

Nous voici de retour devant l'Institut de France, narguant les Immortels, l'air de dire : « Vous avez vu, on a remis ça. Vous êtes verts, non ? »

Voilà, il me tenait hackeur de vous dire tout ça. Bonne lecture !

Rappelez-vous : cet andictionnaire vous appartient. Ne le prêtez sous aucun prétexte (vous ne le reverriez plus) et forcez les gens à l'acheter.

Introduction de la pochtronne*
Par Alexandra Freulon

Et voilà que ça recommence…

Après un tome 1 plutôt bien réussi, une campagne de vente acharnée, des journées de dédicaces de folie au cours desquelles j'ai subi Ludo, ses vannes, ses quolibets et son odeur, je pensais avoir mérité des vacances.

C'est donc sous la menace et les insultes que j'ai été contrainte de travailler comme un forçat pour trouver de nouvelles définitions en vue d'un tome 2 !

J'ai bien tenté de faire appel à sa compassion, en lui contant les déboires que l'année 2024 nous a offerts à ma famille et à moi ; en lui disant, entre autres, que je devais subir une ligamentoplastie du genou (n'ayons pas peur des mots, nous aimons le vocabulaire), que mon fils s'était cassé la clavicule, que mon mari s'était coupé le doigt, que ma voiture était en panne…

Rien n'y fit…

Je pense que Ludo a encore moins d'empathie qu'un menhir. Et ceux qui ne le connaissent pas n'ont pas idée de leur bonheur…

Ayant eu vent du traitement que m'infligeait le monstre, une association de féministes m'a même contactée !

Mais l'espoir fut de courte durée : depuis le jour où elles l'ont rencontré, elles ont fui et disparu la queue entre les jambes. Et moi, pauvre de moi, je suis de retour à bûcher sur ce tome 2…

Cet enfer ne prendra donc jamais fin !?!

POST-SCRIPTUM : C'est maintenant Ludovic (le patron) qui vous parle.

Pour ménager la susceptibilité d'Alexandra et m'épargner la visite d'une autre association féministe, je n'ai pas fait comme dans le premier tome (où j'avais modifié 38 % de son introduction).

Cette fois, je n'ai apporté aucune retouche stylistique à son travail, me contentant de corriger les 267 coquilles et fautes d'orthographe qui traînaient.

* J'ai eu beau envoyer 3 recommandés avec AR à ce con de patron avant le départ du livre pour l'impression, il a conservé ce titre infâme. Alors que je ne bois jamais la moindre goutte (d'alcool).

Introduction de l'éminence grise
Par DuG

Quel honneur que celui d'entrer à l'Hackadémie !

C'est par ces mots solennels que j'aurais commencé si j'y étais entré par la grande porte...

Évidemment, comme dans toute grande institution, c'est rarement le talent qui est récompensé (Alexandra, la co-autrice, en sait quelque chose).

Je ne tire donc aucun mérite de ma présence ici, puisqu'il a suffi de soudoyer le grand chef* pour avoir droit de cité dans ces pages.

La tâche fut également facilitée par son manque de culture générale et sa cupidité.

En fait, tout est allé très vite...

À peine le temps d'expliquer à cet inculte qu'on pouvait aller en Russie en arrivant à pied par la Chine qu'il m'avait déjà promu, le jour-même, éminence grise de l'Hackadémie. Ne laissant pas le choix dans la date à sa pauvre co-autrice...

Voilà donc une bien belle « double introduction », si je puis dire.

Au travers de ces pages, je vous souhaite d'esquisser beaucoup de sourires. Et de prendre autant de plaisir que les auteurs, heureux de vous savoir claquer votre pognon dans l'achat de ce torchon.

* Comme dans la vraie vie, le chef est rarement une femme.

Conversation privée avant publication

Alexandra Freulon
En ligne

> Alex, je suis en train de tout relire... Je suis tombé sur ça.

> Interrupteur
> 1. Bouton pour allumer France Inter (co-autrice).
> 2. Bouton pour éteindre France Inter (co-auteur).

> T'es tjrs d'accord avec la 1 ?

Bien évidemment !

> KONNNNAAAASSSSSS !

DUUUUKOONNN !

Avertissement

N.B. : Dans le premier tome de l'Antidictionnaire, nous avions rédigé un « Avertissement » tout à fait remarquable, qu'il serait prétentieux de vouloir améliorer. Nous le reproduisons donc ici tel quel (ayant toutefois ajouté à notre liste les nains de ville, les nains de jardin et les Gitans, qui avaient été honteusement oubliés).

Pour quelques entrées de cet antidictionnaire, une ordonnance de second degré est vivement recommandée. En cas de susceptibilité aiguë, une injection de rappel est également préconisée.

L'auteur et sa co-autrice sont des personnes gentilles et tolérantes qui n'éprouvent aucune HAINE (le mot à la mode, à égalité avec « complotiste ») envers les politiciens, les Belges, les femmes, les femmes politiciennes, les femmes belges, les Noirs, les Arabes, les Gitans, les Schtroumpfs, les chrétiens, les juifs, les musulmans, les bouddhistes, les pauvres, les handicapés, les nains de ville, les nains de jardin, les homosexuels et les trans… ports en commun. Ils leur souhaitent une vie longue, heureuse et épanouie.

L'auteur et sa co-autrice déclinent donc toute responsabilité en cas d'hystérie wokiste ou de perte des eaux néo-féministe.

L'auteur et sa co-autrice n'ont aucun conflit d'intérêt et ne bénéficient d'aucun financement de la part d'une quelconque officine complotiste du troisième Reich.

Bref, à tous ceux qui nous obligent à écrire ça : vous faites chier (et c'est peu dire).

Bonus : avertissement d'un fidèle lecteur

« *Si t'es un peu fragile sur un sujet, t'as le choix entre t'insérer un suppo à la lavande dans l'endroit réservé à cet effet, inspirer un bon coup et laisser les bienfaits apaisants traverser ton petit corps de contrarié OU aller bouder sur jesuisvenere.com.* »

– Laurent Grv

A

Abaca
Bananier diplômé.

...

Aberration
Écclésiastique qui distribue les hosties au compte-goutte, mais qui s'enivre au vin de messe.

...

Abonnés
Coutumiers des jolis appendices nasaux.

...

Abscons
Qui freine la compréhension des cons*.

* Le système de freinage ABS permet de freiner fort tout en évitant le blocage des roues.

...

Abstraire
Traire une vache non concrète.

...

Accumuler
Marcher en file indienne derrière un âne.

...

Acmé*
Acnée à son point culminant.

* Définition du *Robert* : (n. f. ou m.) « 1. (Médecine) Phase d'une maladie où les symptômes sont au plus haut degré d'intensité ; 2. (Didactique) Apogée, point culminant. »

...

Adolescent
Ayant quitté l'enfance à ses risques et puérils.

...

Adultère
Qui trompe son conjoint sans parler.

...

Adversité
Université rivale en difficulté.

...

Aérobic
Stylo lancé en l'air par Véronique et Davina.

...

Agen
Ville qui n'a rien pris au petit déjeuner, excepté deux prunes : une liqueur et une amende.

...

Alcooliques Anonymes
Des hauts et des bars.

...

Algorithme
Goémon* qui se prend pour Véronique et Davina.

* Définition du *Robert* : (n. m.) « Algues marines. »

...

Aligoté
Blanc séquestré.

...

Allopathie
Maladie transmise par téléphone.

...

Amphibie
Capable de vivre à l'air, dans l'eau et dans *Friends*.

...

Amphibien
Grenouille à l'aise à la fac.

...

Amputer
Démembrer une prostituée.

...

Amulette
Dyslexique suédoise.

...

Anachronique
Pavlova faisant l'amour et buvant de la bière en 2024*.

* Sauf notre respect à Anna Pavlova, éminente ballerine russe du vingtième siècle naissant, dont on peut douter qu'elle aimât s'envoyer en l'air en buvant de la Kro.
P.S : Il vous faudra peut-être la relire trois fois avant de piger !

...

Analyste
Spécialiste ou observateur des trous du cul.

...

Antilope
Gazelle homophobe.

...

Antimoine
Poison athée.

...

Antisémite
Insecticide bas de gamme (de dernier shoah).

...

Aphone
En voix d'extinction.

...

Apostat
Facteur qui abandonne son poste.

...

Appeter*
Désirer lâcher une caisse.

* Définition du Dictionnaire de l'Académie française : (v. trans.) « Désirer vivement par instinct, par inclination naturelle, indépendamment de la raison. »

...

Arbitraire
Traire une vache sans lui demander son avis*.

* La démocratie va décidément de mal en pis...

...

Arboricole
Qui picole dans les arbres*.

* Le koala, qui vit dans les arbres, est réputé sobre. Contrairement à son cousin le Kro-allah (qui boit de la bière pendant le ramadan).

...

Arbrisseau
Petit arbre idiot.

...

Ardèche
Département où les artistes vivent sous le seuil de pauvreté.

...

Armoire à glace
Homme baraqué jetant un froid.

...

Arnac-La-Poste
Commune de Haute-Vienne dont le facteur est un maniaque : en le voyant arriver, les habitants s'écrient : « Tiens, v'là l'manach ».

...

Artichaut
Légume dont la contrepèterie contrarie le fêtard.

...

Aspic
Vipère qui ne bluffe pas.

...

Athéna
Reine qui n'en a rien à foutre des véranda Akena.

...

Autopsie
Examen d'un cadavre dans une scierie
(« Au top, scie ! »).

...

Avortement
Fœtu pour Fœtu...

...

B

Babiole
Bébé luciole.

...

Badeau
Promeneur curieux devant les flaques peu profondes.

...

Bafouiller
Perdre ses moyens face à une vanne de Baffie.

...

Balance
Cafteuse de poids*.

* Lèse-personne...

...

Bambi
Émetteur de gaz à effet de cerf.

...

Banal
Délinquant textuel connu des services de La Palice*.

* Sublime définition, n'est-ce pas ? Relisez-la, savourez-la, ne la banalisez pas.

...

Baromètre
Appareil mesurant la pression subie par les avocats.

...

Barbie
Poupée klaus-trophobe*.

* Qui craint de se retrouver enfermée avec son homonyme.

...

Barbier (Christophe)
Journaliste rasoir.

...

BATman
Super-héros bon à tirer.

...

Biaisé
Homme riche à la sexualité ambiguë*.

* Voir une définition de *Biaiser* dans le Tome 1 !

...

Big pharma
Débit de poisons.

...

Bisannuel
Qui fait des bisous deux fois par an.

...

Bise
Vent humide sur la joue.

...

Blablater
Bavarder dans le ter (Transport Express Régional)*.

* Voir une autre définition de *Blablater* dans le Tome 1 !

...

Bombe atomique
Chiantpignon.

...

Bonheur
Idée qui fait un malheur.

...

Bouleau
Travail à la chêne détesté des tire-au-gland.

...

Brailler
Hurler pour se faire entendre des aveugles.

...

Brouteur
Escroc sur Internet qui se repaît de cerveaux en herbe.

...

Bûcher
Étudier à s'en brûler la cervelle.

...

Buffet à volonté
Jeu de satiété.

...

Burn-out
Épuisement physique et émotionnel au travail, résultant d'une exhibition prolongée de ses testicules.

...

C

Cachalot
Grosse somme en argent liquide.

...

Cafouiller
Se planter dans sa demande d'allocations familiales.

...

Cajoler
Câliner un cageot.

...

Callipyge
Qui a les fesses de Calimero*.

* Voir une autre définition de *Callipyge* dans le Tome 1 !

...

Calotte glaciaire
Baffe donnée de sang-froid.

...

Caravan*
À l'écoute de Caravan, Kendji Girac se serait écrié : « Trop d'la balle ce (héris) son ! »

* Standard du jazz composé par Duke Ellington.

...

Carbonique
Coït enflammé de la Reine des neiges*.

* La Reine des neiges carboniques/carbo-nique. Oui, c'est capillotracté.

...

Carie
Abcès de confiance.

...

Casino
Il te reste un seul jeton (pour le Caddie) ?
Rien ne va plus !

...

Catastrophisme climatique
GIECasse les couilles.

...

Célérité
Rapidité d'un légume.

...

Censure
Ferme ta Google.

...

Cercle
Groupe de personnes qui en connaissent un rayon.

...

Cerveau
Outil que l'on sort rarement de sa boîte.

...

Chaise électrique
Meuble résistant aux droits de l'Ohm*.

* Droits en état de siège...

...

Charlatan
Tank incompétent qui ne passe pas à l'action.

...

Chasseur de tornades
Qui prend son appareil photo et son courage à deux mains pour se prendre des vents.

...

Chat
Passe son temps à se lécher et à dormir.

...

Chatte
Passe son temps à se faire lécher avant de dormir.

...

Chauvin
Patriote sans cheveux.

...

Cheminot
Arrive en retard à la gare, mais part en avance à la retraite.

...

Chérubin
Qui dort chez Rubens*.

* *Deux chérubins endormis* (1613) est une toile de Pierre Paul Rubens, le célèbre peintre baroque flamand.

...

Chirurgien esthétique
Technicien sur face.

...

Ciel
Atmosphère non binaire.

...

Circonférence
Conférence qui tourne en rond.

...

Cirrhose
Abus de blanc et de rouge donnant le teint si jaune.

...

Cisjordanie
Jordanie non transgenre.

...

Clepsydre
Horloge qui a du chien.

...

Collagène
Glu honteuse.

...

Colporteur
Sherpa qui frappe à la porte*.

* Quand il frappe, on répond généralement : « On Népala ! »

...

Columbo
Inspecteur se trompant rarement mais commettant des impers.

...

Coma éthylique
Trou dormant.

...

Combinaison de plongée
Costume de Seine.

...

Commère
Vidéosurveillance fonctionnant sans électricité.

...

Complexes
Pensées négatives permettant aux sobres d'être bourrés.

...

Complosphère
Boule platiste.

...

Concave
Sexe féminin recourbé amateur de bon vin.

...

Concierge
Bougie qui n'est pas une lumière.

...

Concubin
En couple avec une conne cubaine*.

* Voir une autre définition de *Concubin* dans le Tome 1 !

...

Condescendant
Crétin qui méprise les grimpeurs.

...

Confesser
Avouer pratiquer la fessée.

...

Conflit d'intérêts
Cumul des mandales.

...

Confort
Vagin ferme où l'on se sent bien.

...

Confusion
Sexe féminin ayant atteint la température de l'embrouille.

...

Congénital
Con comme sa bite depuis sa naissance.

...

Consentant
Qui est d'accord, mais qui pue de la foune.

...

Conserve
Boîte à musique.

...

Conspiration
Complot de chattes.

...

Constructif
Fabricant de perruques.

...

Contestataire
Électricien pas très futé qui entre en résistance.

...

Contribuable
Triple idiot qui boit impôt.

...

Converger
Réunir des cons sous un arbre fruitier.

...

Convexe
Chatte courbée qui prend facilement la mouche*.

* N.B. : Un sexe féminin qui prend la mouche ignore sans doute quelques « règles » élémentaires d'hygiène. Nous conspuons...

...

Coquilles
Q au milieu des couilles.

...

Corniaud à la retraite
Alors moi y m'ehpad, y m'ehpad, y m'ehpad, mais y m'ehpad !*

* Si vous ne saisissez pas la référence Louis de Funessienne, alors vous ne méritez pas de faire partie de l'élite. Ni de lire ce livre, que vous devrez renvoyer aux auteurs (frais de port à votre charge).

...

Costa Concordia
La croisière s'amuse… Le capitaine aussi*.

* Qui ne se souvient du naufrage de ce paquebot de croisière deux fois plus gros que le Titanic, survenu le vendredi 13 (!) janvier 2012 ? Son commandant Francesco Schettino avait quitté le navire en pleine opération de sauvetage. Bilan collectif : 32 morts. Bilan individuel : 16 ans de prison pour le capitaine… qui ne s'amuse plus.

…

Coup de boule
Coït sur un coup de tête.

…

Coup de foudre
Phénomène dangereux quand on est sous le charme*.

* Sous le charme, une personne devient souvent éprise de courant.

…

Coup de poing
Geste barrière.

…

Courriel
Mail non genré de petite taille.

...

Coût de revient
Argent hypocrite : il ne revient pas, il se barre !

...

Couturier
Qui a la fibre textile*.

* Alors que l'opticien a la fibre optique.

...

Crabe
L'Homo ça pince.

...

Crash Test
Concours du crachat qui s'écrase le plus loin.

...

Creuse
Département le plus riche de France (moins de monde, moins de bruit, moins de pollution, moins d'impôts, moins de cassos)*.

* Bon, moins de médecins, c'est vrai. Mais quelle idée de tomber malade.

...

Criblé
Céréale endettée qui hurle.

...

Croizon
Qui fait la Manche haut la main*.

* Si vous ne comprenez pas cette définition, c'est que vous ignorez (quelle honte !) les exploits du grand Philippe Croizon, déjà mis à l'honneur dans le tome 1 de l'Antidictionnaire. Courez vite vous renseigner.

...

Croûte
Gagne-pain du mauvais peintre.

...

Coulisse
Qui ne s'écharpe pas en dehors de la scène*.

* Nous voulions peaufiner cette définition, mais peaufiner une coulisse, avouez que ça fait pléonasme...

...

Cucurbitacée
Cure de désintoxication pour malades du syndrome de Gilles de la Tourette*.

* Cette cure est indispensable, car tous ces « Cul ! Cul ! Bite ! », y en a assez !!

...

Cupidon
Petit archer partagé entre l'avarice et la charité.

...

Curiosité
Vilain défaut de ne pas en avoir.

...

Cyclope
Légende très fumeuse.

...

Cyclothymique
Qui a des sautes d'humeur à vélo.

...

D

Damas
Ville où l'on joue de bonnes mains de poker.

...

Danseur de claquettes
Agile talon.

...

Darmanin (Gérald)
Ministre de/dans l'intérieur de certaines femmes.

...

Déception amoureuse
Tinder Surprise.

...

Décliner
Refuser une offre, excepté la divulgation de son identité.

...

Déféquer
Démouler un fake.

...

De Fontenay (Geneviève)
Dame fidèle à ses principes qui n'a jamais eu à manger son chapeau.

...

De Funès (Louis)
Oscar du meilleur comique.

...

Demandeur d'asile
Qui demande à vivre dans un pays de fous.

...

Démentiel
Présentateur météo devenu dingue.

...

Démoniaque
Rhume diabolique.

...

Dermatologue
Inspecteur de peau lisse.

...

Désert médical
Coup de blouse.

...

Dessein
Peinture au lait.

...

Détail
Invisible à l'œil nul.

...

Diamant
Carbone devenu précieux... pour femme précieuse, car bonne.

...

Diariste*
Qui livre ses diarrhées dans son journal intime.

* Définition du *Robert* : (anglicisme) « Auteur d'un journal intime. »

...

Diarrhée
Évasion fécale problématique en l'absence d'un pot.

...

Diététicien
Nutritionniste animalier qui a du mal à prononcer le mot « chien ».

...

Disette
Dînette qui prend faim.

...

Disque
Son qui rapporte du blé.

...

Dombasle (Arielle)
Femme dans un tube, qui a sorti un tube*.

* À moins de vivre dans un phare sans télé ni connexion Internet, vous avez savouré la chanson « *Olympics* » de madame Dombasle, déguisée en gaine de ventilation (devant la Mairie de Paris, le 14 juillet 2024). Si vous avez raté ça, nous vous donnons un tuyau : allez sur YouTube.

...

Dormeur
Homo ça pionce.

...

Double vue
Don de voyance louche.

...

Du coup
Tic de langage qui a porté le coup de grâce aux adverbes, conjonctions et autres locutions : « alors », « donc », « aussitôt », « ainsi », « en conclusion », « par conséquent », « si je comprends bien », « de ce fait », etc. Sans parler de « si bien que », reléguée au rang de pédante antiquité… Du coup, faut arrêter d'en abuser.

...

Dynamiter
Faire exploser une mite*.

* Ou un mythe, selon ce qu'on trouve dans ses placards.

...

E

Ébaubi
Fils Ewing ébahi par la découverte d'un gisement de pétrole.

...

Ébouillantage
Refus d'eau tempérée.

...

Éclair
Courant d'air.

...

École (73630)
Commune qui a trouvé Savoie.

...

Écorchure
Manque de peau.

...

Écourter
Écouter moins longtemps.

...

Écran total
Smartphone qui nous coupe du soleil.

...

Écriture inclusive
Écriture incluant la susceptibilité des personnes s'estimant victimes d'oppression grammaticale.

...

Éculée
Année de sécheresse, car écoulée sans o.

...

Effraction
Cambriolage mathématique.

...

Électrochoc
Prise de conscience.

...

Élève
Que le nivellement abaisse.

...

Émarger
Signer du nom de Simpson.

...

Émasculation
Fait divers sans gland.

...

Embrassade
Accolade de marquis.

...

Émeutes
Vivre-ensemble saccagé par des supporters anglais*.

* Encore eux.

...

Emmanuel Macron
Manuel électronique gros format*.

* E-Manuel Macro.

...

Emule*
Bourrique virtuelle.

* Vous n'êtes pas geek ? Alors eMule est un logiciel gratuit et open source de partage de fichiers en pair-à-pair (peer-to-peer). Voilà, vous êtes bien avancés...

...

EndorMIR
Assoupir un astronaute.

...

Entomologiste*
Qui vit avec son taon.

* Définition du Robert : (n. m.) « Spécialiste de l'entomologie (partie de la zoologie qui traite des insectes). »

...

Éolienne
Écologie qui se prend un vent.

...

Épiphanie
Fête qui apporte simultanément la galette et la défaite à la pétanque*.

* Si vous n'avez jamais entendu parler de la délicieuse Fanny, alors vous devriez avoir les boules. Cette femme exhibant son rondelet postérieur constitue un élément indéboulonnable du patrimoine bouliste. Elle est à l'origine des expressions « Embrasser Fanny », « Faire Fanny » ou « Se prendre une Fanny » Renseignez-vous au plus vite, bande de cochonnets, afin de réparer cette boulette.

...

Épitaphe
Injonction mortelle pour un paresseux*.

* « Arrête de glander, et pis taffe ! »

...

Équidé
À cheval sur l'équité.

...

Escalator
Qui se trompe d'escalier.

...

Étiquette
Discrédit qui n'a pas de prix*.

* « Raciste », « Facho », « Réac », « Gauchiasse », « Complotiste » et « Antivax » remportent le prix des étiquettes les plus souvent collées pour simplifier outrageusement la pensée d'une personne et la diaboliser.

...

Eu
Ville normande dont le maire en a plein les bottes*.

* Vous n'avez jamais entendu parler du maire d'Eu ?

...

Excédentaire
Abus de dentiste.

...

Excision
Clito-scepticisme.

...

Excrément*
Vin mousseux passé de l'état liquide à l'état solide.

* Ex-Crémant.

...

Exil
Interdiction de revenir au genre masculin.

...

Expert
Individu qui vient expliquer sur les plateaux TV comment il ferait pour faire ce qu'il ne sait pas faire.

...

Exubérant
Chauffeur Uber viré pour comportement excessif.

...

F

Fasciite plantaire*
Nazi qui casse les pieds.

* Définition de Passeportsante.net : (n. f.) « Blessure au pied causée par un étirement ou une rupture du fascia plantaire, une membrane fibreuse qui va de l'os du talon jusqu'à la base des orteils. »

...

Faufiler (se)
S'introduire dans un bœuf.

...

Faussaire
Cervidé malhonnête.

...

Fécondation in vitro
Coup tiré dans une église (in vitraux)*.

* Avec la bénédiction de l'esprit sein.

...

Femme girafe
Actrice qui reste en coulisse.

...

Fiché S
Qui a le droit de rester en liberté tant qu'il n'a pas tué 150 personnes.

...

Fisc
Les contribuables ne lui disent pas Bercy.

...

Food Truck
Camion pas si terne.

...

Forage
Vieux trou.

...

Forêt
Bois qui a percé*.

* Voir une autre définition de *Forêt* dans le Tome 1 !

...

Formol
Conserve des gens fort mous.

...

Formule 1
Sport mécanique en chambre*.

* Des moteurs haut de gamme dans des lits bas de gamme.

...

Four
Échec cuisant qui laisse le public froid.

...

François (Claude)
S'est éteint en touchant la lumière.

...

Frangipane
Amande honorable.

...

Frigoriste
D'un froid sévère.

...

Funambule
Mot allemand [prononcé « Foune en boule »] désignant une chatte en équilibre sur un testicule.

...

Furoncle
Boutoncle.

...

G

GAFAM
Trans (gars femme) qui passe sa vie sur Internet.

...

Gain de cause
Conversation enrichissante.

...

Gazaoui
Individu que le pouvoir israëlien tient en pâle estime.

...

Geppetto
Sculpteur qui flatule de bonne heure.

...

Gitan
Vide-maison.

...

Glutamate
Synonyme de « Colle ta femme peu brillante ».

...

Grignotage (tablette de chocolat)
Capture des crans.

...

Grossophobie
Évincer Miss Ronde du concours de Miss Maigre.

* Voir une définition de *grossophobe* dans le Tome 1 !

...

Grue
Migrateur mi-gratte-ciel, mi-gratte-couilles*.

* Que dit une grue (prostituée) quand elle rencontre une grue (engin) ? « En chantier de vous rencontrer. »

...

Guide (de petite montagne)
Guide qui sherpa à grand-chose.

...

H

Hérisson
Animal que le son hérisse et agite tant*.

* Dédicace spéciale à notre gitan préféré, Kendji Girac.

...

Homme (ou Femme)
Insulte suprême pour non-binaire*.

* « *Je ne suis pas un homme, Monsieur !* »

...

Hidalgo (Anne)
Cruche qui va à l'eau mais qui ne veut pas se casser*.

* Nous garderons longtemps en mémoire la baignade de la Maire de Paris, enfilant son costume de Seine à l'aube des Jeux Olympiques, pour batifoler dans le fleuve le plus propre de France.

...

Hollande (François)
Promoteur du racisme anti-dent*.

* « *Rire général, même chez les sans-dents.* »
SMS envoyé par François Hollande à Valérie Trierweiler (2008).

...

Holyfield (Evander)*
Tendre, l'oreille.

* Ce champion de boxe américain ne voulait combattre qu'avec ses poings. La base, en somme. Mais le 28 juin 1997, Mike Tyson ne l'entendit pas de cette oreille. Affamé de revanche (n'ayant pas digéré sa défaite de l'année précédente), le *bad guy* préleva bucalement un morceau du pavillon auriculaire de son adversaire. D'où l'expression « bouche à oreille ».

...

Homologué
Validé par un pédé*.

* Pédé, c'est pour la rime. Ce n'est pas une insulte homophobe. Nous estimons que les pédés sont des gens normaux qui ont le droit de vivre leur vie comme tout le monde, et ne prônons pas un retour aux heures sombres et nauséabondes de notre Histoire. [Précision toujours utile si un journaliste de *Libération* ou de *France Inter* traîne par là.]

...

HTTP
Payer tes flatulences*.

* Pour la comprendre, répétez HTTP plusieurs fois. Ne lisez la suite que si vous avez vraiment la tête dans le gaz. Quoi, vous abdiquez ? Quoi qu'il en soit, nous ne connaissons personne qui souhaite acheter tes pets.

...

Humeur (mauvaise)
Condamnation à la peine d'humeur.

...

I

Iceberg
Salade en entrée froide pour la P'tite Annick.

...

Idée reçue
Qui se fait souvent tordre le cou.

...

Illusionniste
Qui met son public en boîte et enferme son assistante dedans.

...

Imiter
Singer la mite.

...

Importuné
Agacé par des soucis d'argent.

...

Imposteur
Facteur factice.

...

Impuissant
Qui a perdu son code pine.

...

Incipit*
Ne doit surtout pas être insipide.

* Définition du *Robert* : (n. m.) « Premiers mots d'un livre. »
** Précision étymologique de l'Académie française : Incipit est la « forme conjuguée du latin *incipere* [entreprendre, commencer], tirée de la locution *Incipit liber* [(Ici) commence le livre], qui figure au début des manuscrits latins du Moyen Âge. »
*** Précision phonétique du site dictionnaire.orthodidacte.com : « Prononce-t-on [inkipit] (« ine-ki-pite ») ou [ɛ̃sipit] (« in-si-pite ») ? (...) La prononciation la plus répandue aujourd'hui est [inkipit]. (...) Quant à la prononciation [ɛ̃sipit], c'est la plus ancienne des deux. »
**** Avis de L'Hackadémie française : à moins de traîner dans les cercles littéraires ou dans les couloirs de *France Culture*, la probabilité que vous ayez à prononcer ce mot un jour tend vers zéro.

...

Indéfinissable
Nombre imprécis de grains de silice.

...

Inébranlable
Réfractaire à la masturbation.

...

Infidélité
Nouveau test amant.

...

Infinitif
Verbe à un cheveu d'être conjugué jusqu'à la fin des temps.

...

Infirmière
Ne pas tirer dans l'ambulance.

...

Ingrat
Obèse égoïste.

...

Injonction
Injection obligatoire.

...

Insaisissable
Sable qui file entre les doigts.

...

Insonorisée
Rigolade silencieuse.

...

Intempéries
Montées au ciel un jour de mauvais temps.

...

Interrupteur
1. Bouton pour allumer France Inter (co-autrice).
2. Bouton pour éteindre France Inter (co-auteur).

...

Intersexe
Coït chez Intermarché.

...

Intestin grêle
Météo indigeste.

...

Islamisme (à l'école)
Coran saignant.

...

Intransigeant
Trans autoritaire.

...

J

Japon
Pays où les chiots se donnent l'ordre (en français) de pousser des cris.

...

Jésus
Personnage haut en douleur*.

* Voir une autre définition de *Jésus* dans le Tome 1 !

...

Journée portes ouvertes
Événement célébrant le gaspillage d'énergie.

...

Jul
Voix sans issue*.

* Synonyme de « voix de garage ».

...

K

KGB
Trois lettres pouvant vous conduire au cagibi.

...

Kidnapper
Lancer une nappe sur un enfant.

...

Kinder
Application de rencontre pour enfants*.

* Et pour dentistes pédophiles...

...

L

Label
Marque de beauté.

...

Lâcher-prise
Technique plus efficace en méditation qu'en escalade.

...

Lâcheté
Défaut de courage de celui qui renonce à boire la tasse*.

* Lâche thé… (Oui, c'est un peu capillotrac-thé).

...

Laconique
Qui fait l'amour sans trop parler*.

* Note de Ludovic : J'ai un ami dont la maman est un véritable mur. Bien qu'elle ne soit pas muette, elle ne dit absolument rien, pas même bonjour ni au revoir. N'ayant jamais rencontré une personne aussi peu sociable, je confiai un jour à mon ami : « Elle est laconique, ta mère. » Depuis ce jour, il a lui aussi arrêté de me parler.

...

Laideron
Femme laide et ronde.

...

Laitue
Salade criminelle qui finit toujours au panier.

...

Lampadaire
Lampe à une bosse.

...

Langue
Organe qui roule aussi bien les R que les pelles.

...

Liberticide
Insecticide contre la liberté.

...

Loto
100 % des gagnants se foutent royalement des perdants.

...

L'un dans l'autre
Tout compte fait, l'autre est-il d'accord pour que l'un soit dans lui ?

...

La Souterraine
Ville de Creuse au fond du trou.

...

LBD
Lanceur de Balles de Défonce.

...

Ligoter
Créer des liens.

...

Livide
Plumard inoccupé et pâlichon.

...

Loufoque
Proxénète insensé sur la banquise*.

* Louer des phoques : un gagne-pain aussi absurde qu'homophobe.

...

Louis XVI
Monarque qui n'a pas su garder la tête haute.

...

Lunatique
Acarien d'humeur changeante.

...

M

Maçon
Homme d'âge mur.

...

Macron
La République en marge*.

* Après tous ces 49.3, la *res publica* (chose publique) se retrouve marginalisée...

...

Main au panier
Geste très osier.

...

Majuscule
Gros Q.

...

Maladie
Pâle mélodie.

...

Malfaiteur
Fêtard hors-la-loi.

...

Malotru
Avec une lettre en plus, il aurait mal au cul.

...

Marteau
Outil blasé dès le lever du soleil.

...

Mascara
Maquillage pour masquer sa face de rat.

...

Masque
Pour se protéger des virus et propager les mensonges.

...

Masturbation
Ancêtre du jeu de paume.

...

Mathy (Mimie)
Un petit pas pour l'Homme, un grand pas pour la nanité*.

* « Nanité » n'existe pas, nous le savons. Mais si Jul et Nakumura inventent des mots, alors nous aussi, nous avons le droit. (« Un grand pas pour le nanisme », ce serait archi-nul : nanisme ne rime pas avec humanité.)

...

Mégalomane
Grand amateur de musique qui se la pète.

...

Mégenrer
Fréquenter une mégère mauvais genre.

...

Melon
Fruit qui a la grosse tête.

...

Mélusine
Qui fée les trois huit.

...

Ménopause
Fin de l'abonnement menstruel.

...

Menteur
Intermito du spectacle.

...

Mésentente
Dialogue de sourds.

...

Métrosexuel
Qui n'a aucun rapport avec le métro.

...

Michto
Femme qui, tôt ou tard, vendra ses miches*.

* Voir une autre définition de *Michto* dans le Tome 1 !

...

Midas
Type avec des couilles en or reconverti dans l'entretien des pots d'échappement.

...

Migraine
Moitié de semence qui donne mal à la tête.

...

Migrant
Voyageur mené en bateau.

...

Militante
Petite quantité d'activiste homosexuel*.

* Un millième de gay.

...

Ministère
Lieu où les nains font feu de tout bois.

...

Misogyne
Qui empêche les femmes alcooliques* d'atteindre le plafond de verres.

* Allusion à ma pochtronne de co-autrice.

...

Moche
Bébé des autres.

...

Montagné (Gilbert)
Personnalité que l'on a un peu perdu de vue.

...

Montcuq
Village qui a adopté la reconnaissance fessiale.

...

Mouise
Prophète de malheur.

...

Moulin
Commissaire qui ne brasse plus de vent.

...

Moutons
Électeurs crédules qu'on n'arrive plus à compter.

...

Muet
Pouvant s'inscrire aux jeux parolympiques.

...

Musculation
La soif des haltères.

...

Musée
Maison de retraite pour vieilles croûtes.

...

N

Nakamura (Aya)
Chanteuse *en catchana* que tu es obligé de trouver *hypée* et dont tu dois kiffer la *tchouffe* qu'elle chante, sinon tu seras accusé de racisme et ta *pookie* restera coincée dans le *sas*.

...

Navire (de croisière)
Bateau qui n'est pas que beau.

...

Newton
Nouvelle unité de mesure, équivalant à une tonne.

...

Nocif
Qui nécessiterait un coup de crème à récurer*.

* Les ménagères et enfants de ménagères de plus de 40 ans auront la référence...

...

Nouvelle*
Vieille recette littéraire.

* L'écrivain italien Jean Boccace (XIVème siècle) est considéré comme l'un des précurseurs de ce genre littéraire avec son *Décaméron*, recueil de cent nouvelles qui connut un immense succès à la Renaissance. Le mot Nouvelle est emprunté à l'italien *novella*, que Boccace définissait comme suit : « Récit concernant un événement présenté comme réel et récent. »

...

O

Obèse
Sûre en chair.

...

Obésité
50 nuances de gras.

...

Obsolescent
Ado dépassé.

...

Occiput
Catin poignardée à l'arrière du crâne.

...

Oléoduc
Acclamation faite à un noble qui transporte du pétrole.

...

Omer (Simpson)
Employé qui plombe les marges.

...

Omoplate
Épaule homosexuelle qui n'a pas beaucoup de poitrine.

...

Onanisme
Plaisir solitaire de Mimie Mathy*.

* Synonyme de « Mathyrbation ».

...

Orbite
Couilles en or.

...

Orchidée
Ébauche florale d'épaulard.

...

Oreiller
Coussin auquel on prête une oreille attentive quand les yeux se ferment.

...

Orties
Champ rempli de mémés.

...

Otis
Ascenseur pour Asperger.

...

Outrance
Activisme excessif des trans.

...

P

Paléontologie
Science étudiant les vieux fossiles, excepté les Léon.

...

Palliatif
Cheveu en train de mourir sur le palier.

...

Palmade (Pierre)
Narine nationale.

...

Palmipède
Homosexuel décoré des palmes académiques*.

* Voir une autre définition de *Palmipède* dans le Tome 1 !

...

Pan
Dieu qui réussit à jouer de la flûte en couche (c'est pour cela que Pan perce...)

...

Pangramme*
Léger coup de feu.

* Définition du *Robert* : « Phrase comportant toutes les lettres de l'alphabet. »

Note des auteurs : Tout le monde connaît le pangramme « Portez ce vieux whisky au juge blond qui fume. »
Le génial George Perec a marié le pangramme et le lipogramme (texte dans lequel on omet volontairement une lettre, ici la lettre E) : « Portons dix bons whiskys à l'avocat goujat qui fumait au zoo. »

...

Panier à salade
La République en mâche.

...

Pâques
Résurrection du Christ, mais pas que.

...

Parabole
Paralysé qui a du bol d'avoir encore ses guiboles.

...

Parc d'attractions
Parc de files d'attente.

...

Paresse
La folie des glandeurs.

...

Parking
Roi du créneau*.

* Jusqu'au jour où une néo-féministe aura transformé ça en « parqueen ».

...

Parquet
Magistrats triés sur le volet, donnant des coups de lattes et des coups de bâton en guise de peine plancher.

...

Parole d'honneur
Promesse précieuse que l'on donne, parce qu'elle n'a pas de prix.

...

Paternité
Maternité pour hommes enceints*.

* Nous revendiquons la maternité de cette invention !

...

Patrick
Prénom d'homme castré.

...

Patte de mouche
Crotte de Bic.

...

Pas de vagues
Lâcheté qui conduira un jour au tsunami...

...

Pédoncule
Queue de fleur homosexuelle.

...

Peloton
Pédales qui se touchent.

...

Pelliculé
Sodomisé par une pelle.

...

Pentagone
Espion américain ayant eu des quintuplés avec une Lyonnaise*.

* Voir une autre définition de *Pentagone* dans le Tome 1 !

...

Pénurie de médecins
Dans la limite des Knock disponibles.

...

Perfectionnisme
Le bien est l'ennemi du mieux.

...

Périgueux
Ordre funeste donné à un mendiant*.

* Pas de bol ni d'obole pour lui.

...

Perruche
Oiseau en colocation avec des abeilles.

...

Perruque
Faux tifs donnant une tête de fautif.

...

Perspicace
Papa comprenant vite qu'il doit réparer le spi défectueux de voilier.

...

Peste et Choléra
Épidémies anciennes resurgissant toujours au moment des élections.

...

Pétomane
Qui milite pour le pet dans le monde.

...

Phobie
Peur des vrais hétérosexuels (faux bi).

...

Phonétique
Qui se prononce pour le respect des règles d'utilisation des téléphones.

...

Pieuvre
Qui a le vent en poulpe.

...

Pique
Vanne de moustique.

...

Pilate
Préfet romain adepte du renforcement musculaire.

...

Pinailleur
Homme volage qui chipote pour la moindre bagatelle.

...

Piscine
Lieu bondé à cause de tous ces gens qui avaient besoin d'une excuse*.

* Les centres équestres voient également leurs poneys très sollicités.

...

Piscine municipale
Bouillon de culture.

...

Plagiaire
Personne qui ne cite pas ses sources et dont le succès immérité ne coule pas de source.

...

Plat
Donne du bide à la cuisine, fait un bide à la piscine.

...

Platisme
Dans « planète », il y a le son « plat ». CQFD.

...

Pleurs
Bruit supportable chez ses propres enfants, mais provoquant des envies de meurtre quand il provient des mioches du voisin.

...

Plombier
Métier où il y a le plus de débouchés.

...

Pochtron
Ivrogne sur son Pochtrone Sofa.

...

Point de vue
Opinion d'aveugle.

...

Pois chiche
Légumineuse qui lance un défi.

...

Poker
Faux jetons jouant cartes sur table*.

* Quoi, vous n'avez pas encore lu *Faux Jetons* ? C'est le tout premier livre publié par votre serviteur qui, justement, vous l'affirme cartes sur table : ce bouquin vous rendra riche (intérieurement), intéressant (extérieurement), cultivé (apparemment), vous aidera à perdre du poids (#foutagedegueule) et à vous faire des amis (vous pourrez au moins compter sur mon amitié).

...

Police
Force de l'ordre qui a du caractère.

...

Politique (n.m.)
Insecte parasite qui s'accroche aux partis.

...

Pollution plastique
Nique ta mer.

...

Pompadour
Marquise pompant à la fois Louis XV et l'eau du fleuve*.

* Le fleuve Adour prend sa source dans les Pyrénées et se jette dans l'océan Atlantique. Vous voyez, l'Antidictionnaire c'est aussi de la cul-ture !

...

Pompiste
Employé qui transmet la conne essence.

...

Poteau
Copain qui se tient très droit.

...

Poursuite
Traque au palace.

...

Poutine
Qui donne la frite au Québec, et la frousse au Kremlin.

...

Poutre
Pet dyslexique qui envoie du bois.

...

Précieux
Or de prix.

...

Préjugé
Prairie condamnée trop vite.

...

Préservatif
Évite de *foutre* des cheveux partout.

...

Pression
Boisson servie en bar.*

* Paradoxalement, pour décompresser.

...

Prétendant
Homme qui aspire à brouter*.

* L'amour étant dans le pré...

...

Prière néo-féministe
Délivre-nous du mâle, amen.

...

Processus
Action en justice pour fellation.

...

Propolis
Bon pour la gorge et les forces de l'ordre.

...

Prosélyte
Fanatique de Pascal Praud.

...

Proxénète
Gardien de put'.

...

Proxénétisme
Détournement de fions.

...

Puce électronique
Un nano pour les gouverner tous.

...

Pudeur
Sentiment de honte ressenti après avoir perdu sa montre.

...

Pudibond
Qui n'ose se mettre nu devant James Bond.

...

Pudique
Franco-Américain gêné d'avoir perdu sa bite*.

* Elle est tirée par les poils, celle-là, mais vous finirez par la comprendre.
Indice : par quel mot anglais désigne-t-on l'organe masculin ?

...

Punaise de lit
Insecte qui, dans les grands médias, a mis fin à la guerre en Ukraine. Il a d'ailleurs disparu aussi vite qu'il était apparu, le jour de l'attaque d'Israël par le Hamas (7 octobre 2023).

...

Q

Quarante-neuf trois (49.3)
Loi du moindre fort*.

* Nous ne résistons pas au plaisir d'expliciter la beauté organique de cette définition. En effet, l'article 49.3 de notre consitution permet à un gouvernement affaibli (moindre fort) de passer en force, s'épargnant ainsi la dure tâche de convaincre le parlement (moindre effort).

...

R

Rab
Supplément de Maghébins.

...

Racaille
Rongeur refroidi qui, pour se réchauffer, met le feu aux bagnoles.

* La proximité de *Rab* (Maghrébins) et de *Racaille* est une pure coïncidence lexicale, dont l'ordre alphabétique est seul responsable. L'Hackadémie française précise que les racailles se recrutent dans toutes les ethnies et toutes les couches de la société : les politiciens ou hommes d'affaires mettent rarement le feu aux bagnoles, mais certains d'entre eux sont de vraies racailles.

...

Radar
Appareil pontilleux qui retire des points.

...

Raid
Unité d'élite de la police qui est toujours en érection.

...

Rassemblement national
Détournement de Front.

...

Raviser (se)
Ne plus viser le même rat.

...

Rebelle
Qui refuse encore d'être moche.

...

Réchauffement climatique
Tout va très bien madame la banquise.

...

Religion
Il était une foi.

...

Remake
Mec 2.0.

...

Renseignements généraux
Service qui ne donne aucun renseignement aux particuliers.

...

Réplique
Répartie de séisme*.

* Dans le premier tome de l'Antidictionnaire, nous avions écrit *Repartie* sans accent (seule orthographe admise... avant la réforme orthographique de 1990). Dans ce deuxième tome, réplique non-identique du premier, nous rappliquons avec la version accentuée, histoire de mettre l'accent sur notre ouverture d'esprit... Sachez donc, cher lecteur, que les deux orthographes (avec ou sans accent) sont autorisées par l'Académie française !

...

Reporter
Journaliste procrastinateur.

...

Règles sportives
Les femmes trans s'en tamponnent.

...

Rigidité
Seul point commun entre le cadavre et l'étalon.

...

Rolex
Best c'est l'heure.

...

Romancier
Qui voit la vie en prose.

...

Romanichelle
Qui fait la manche dans une station-service.

...

Rond-Point
Signe de ponctuation qui a trop bu.

...

Rousseau (Jean-Jacques)
Écrivain qui fait des Émile.

...

Rousseau (Sandrine)
Les petites Rousseau font les grandes rombières.

...

Routier
Qui roule pour gagner sa route.

...

Russie-Ukraine
La Grande Vladrouille.

...

S

S'amuser
Jouer avec les muses.

...

S'endormir (enrhumé)
Tomber dans les bras de Morvée.

...

Salle d'attente
Patients prenant leur mal en patience.

...

Sarkozy
Nain qui n'est pas blanc comme neige.

...

Sauron
Seigneur des anneaux infoutu de conjuguer « savoir » à la première personne du pluriel du futur simple*.

* Vite, un *Bescherelle* pour les conjuguer tous !

...

Sauvetage
Travail sans relâche.

...

Semi-marathon
Course où l'on sème des graines sur 20 km.

...

Séminaire
Alibi des maris volages qui inséminent à tout va.

...

Serviette hygiénique
Papier réglé.

...

Sexagénaire
Gêné d'avoir des relations sexuelles après 60 ans.

...

Sherpa
Guide conduisant en état d'Everest.

...

Slam dunk
Panier du poète.

...

Snobisme
Course pour la montre.

...

Sobriété
Commence bien (sobre), finit mal (ébriété)*.

* Une syllabe, ça va. Quatre syllabes, bonjour les dégâts.

...

Sodomites
Petits insectes bouffant de la laine et se reproduisant par l'anus.

...

Soirée VIP
Grillé dès l'entrée si tu ne fais pas partie du gratin.

...

Soûlographe
Écrivrogne.

...

Sourd et aveugle
Sens interdits.

...

SpaceX
Fusée décollant grâce à ses petits Musk.

...

SPA
Société protectrice des animaux et des bains à remous.

...

Statu quo
Statue qui reste de marbre.

...

Stéréotype
Mec cool des années 80 qui porte un ghetto-blaster sur l'épaule.

...

Stérile
Parent 0.

...

Strabisme
Regard critique.

...

Streptocoque
Partie d'un bateau infestée de bactéries.

...

Subite
Mort de Félix Faure*.

* Si vous butez sur ce mot, c'est que vous ignorez encore dans quelles circonstances est décédé ce président de la IIIème République ! Avant de lire la suite, allez vite pomper l'info sur votre moteur de recherche favori...

Sur son site Internet, l'Élysée résume pudiquement l'affaire : « *16 février 1899 : Félix Faure décède brusquement au Palais de l'Élysée.* » Sans préciser que le président expira dans la bouche de Marguerite Steinheil, une demi-mondaine qui fut alors surnommée la « Pompe Funèbre » !

Rappelons d'ailleurs ce brillantissime trait d'esprit attribué à Georges Clémenceau, adversaire politique de Félix Faure, après que ce dernier eut rendu son dernier souffle : « *Il voulut être César, il ne fut que Pompée.* » Comble de l'ironie du destin, Félix Faure avait suivi sa scolarité à Ivry-sur-Seine... à l'école Pompée !

...

Suicide
On n'est jamais mieux desservi que par soi-même.

...

Suppôt
Complice qui entre par derrière.

...

Susceptible
Atteint de susceptibilite [sans accent] (inflammation de l'amour-propre).

...

Superviseur
Virtuose du tir.

...

Synchrone
Jour où l'on fête simultanément tous les malades du tube digestif*.

* Saint-Crohn...

...

Syntaxe
Jour où l'on fête l'anniversaire de grammaire*.

* À ne pas confondre avec le jour des impôts, la Saint-Taxe.

...

Streptocoque
Partie d'un bateau infestée de bactéries.

...

T

Tagueur
Peintre en châtiment.

...

Tarmac
Maquereau qui bosse tard à l'aéroport.

...

Tarentule
Araignée déficiente vêtue comme une ballerine.

...

Tartempion
Pâtisserie quelconque pour le joueur d'échecs.

...

Théorie du genre
Théorie tombée du iel.

...

Tignasse
Chevelure touffue du Tignard et de la Tignarde*.

* Habitants de Tignes.

...

Titanic
Paquebot ayant coulé lors de son inauguratin. Non il n'y a pas de faute à « inauguratin » puisque le paquebot a pris l'o.

...

Toc
Témoin de jéhovah timide*.

* Voir une autre définition de *TOC* dans le Tome 1 !

...

Tonitruant
Mafieux italien qui fait trop bruit.

...

Tornade
Vent pire que Dracula.

...

Total
L'Empire d'essence.

...

Tour
Accessoire d'Harry Potier.

...

Tout Paris (Le)
Tout Paris, sauf les pauvres et les moches (sauf s'ils sont riches).

...

Transcendant
Trans moqué par François Hollande*.

* Nous vous renvoyons à la définition de *Hollande (François)* si vous ne la comprenez pas...

...

Transgresser
Lubrifier un trans.

...

Transistor
Qui se trompe de radio.

...

Transition
Le mâle est fait.

...

Transparent
Père ou Mère devenu(e) invisible après son changement de sexe.

...

Traviole
Qui viole de travers.

...

Trivial
À la poursuite du vulgaire.

...

Troll (sur Internet)
Maniaque du clic qui mérite deux claques.

...

Trousseau
Qui a les clés pour comprendre Sandrine Rousseau.

...

Truquage
Fait de tromper les gens sur son âge.

...

Tuning
Décaissement de thune.

...

Tyrolienne
String autrichien géant.

...

U

Ultracrépidarianisme
Comportement consistant à donner son avis sur le crépi des fusées Ariane sans avoir la moindre compétence sur le sujet.

...

Uranus
Planète située dans le trou du cul du système solaire.

...

V

Vaccinodrôme
Baisodrôme où l'on se fait baiser par Pfizer.

...

Vache qui rit
Idée de génisse.

...

Vacuité
Vide qui remplit l'ivrogne.

...

Vas-y ponce, Pilate !
L'un des calembours les plus usés de la langue française. Circonstance atténuante : il est usé à cause du ponçage.

...

Veilleuse
Petite lampe qu'on laisse allumée pour s'assurer que les enfants la mettent en veilleuse.

...

Ver solitaire
Animal d'une grande téniacité.

...

Verge
Ancienne unité de mesure, équivalent à 0,914 mètre, soit trois pieds : donc de quoi prendre son pied...

...

Vergeture
N'est pas synonyme de biture.

...

Vermouth
Mammouth sirotant un verre de Martini.

...

Versatile
Qui change tellement d'avis sur la distribution des boissons, qu'à son sujet on se pose la question : « La versa-t-il ? »

...

Vespasien
Empereur romain qui se rendait aux toilettes en scooter (ayant fait la Vespa sienne).

...

Vindicte
Vengeance du vigneron.

...

Violoncelle
Instrument indispensable au confort des cyclistes.

...

Vipère
Very important father.

...

Voiturette sans permis
Véhicule ayant le permis de faire chier ceux qui ont le permis*.

* Fin septembre 2023, votre serviteur vécut les cinq minutes les plus éternellement agaçantes de son existence. Ralenti par deux pots de yaourt qui se suivaient, il eut un avant-goût de l'enfer : traîner son véhicule à 50 km/h sur une route nationale montante (avec ligne blanche, évidemment) derrière deux bidules qui faisaient un bruit de tondeuse à gazon. C'est un supplice qu'il ne souhaite à personne (pas même à sa co-autrice).

...

Voilage
Rideau infidèle.

...

Vulvite
Inflammation rapide de la vulve.

...

W X Y Z*

* Mot qui signifie « fin de l'alphabet » en polonais.

Woke

Personne humaniste et inclusive qui, pour lutter contre les discriminations, sépare les gens en fonction de leur couleur de peau ou de leur orientation sexuelle dans les réunions et les manifestations*.

* Voir une autre définition de *Woke* dans le Tome 1 !

Nous vous renvoyons à l'excellent livre de Nathalie Heinrich, *Le wokisme serait-il un totalitarisme ?* Poser la question, c'est déjà y répondre...

...

World Trade Center
Aire de jeu pour terroristes*.

* Ils jouent aux tours niquées.

...

Zoomer
Faire un gros plan sur un champ (pour voir de pré).

...

INDEX

Dans le premier tome, nous avions inclus un index des mots définis dans l'ouvrage. Personne ne nous ayant félicité à ce sujet, nous avons décidé de nous en passer cette fois-ci.

Compte tenu de l'inutilité relative d'un index dans un dictionnaire, où les mots sont déjà classés par ordre alphabétique, vous vous contenterez cette fois-ci de l'index suivant :

D'ailleurs, estimez-vous heureux de voir ce doigt-là.
(Et allez nous mettre un avis sur Amazon !)

REJOIGNEZ-NOUS SUR FACEBOOK !

Antidictionnaire de l'Hackadémie française

3,2 K J'aime • 4,2 K followers

Une communauté qui grandit chaque jour

Lorsque le premier tome est sorti des presses, la page Facebook de l'Hackadémie avait moins de 600 abonnés. Quasiment un an plus tard, à l'heure où nous rédigeons ces lignes finales (14 septembre 2024), elle vient de franchir le cap des 4 200 abonnés !

Un concours hebdomadaire de jeux de mots

Nous formons une communauté de passionnés de jeux de mots, adeptes du second degré. Et chaque semaine, nous organisons un concours de jeux de mots devenu très populaire : « Les Palmes Hackadémiques ». Tous les trimestres, il y a un exemplaire du livre à gagner pour le meilleur auteur de jeux de mots !

Un jeu de mots ou une définition à proposer ?

Si vous avez des idées de génie, n'hésitez pas à les écrire en commentaires sous nos publications, ou envoyez-les-nous par message privé !
Les meilleures définitions (impérativement originales) paraîtront dans un tome 3, si nous gagnons assez de pognon avec le tome 2.

Aucun jeu de mots à proposer ?

Ne culpabilisez pas !
Tout le monde n'ayant pas la puissance cérébrale des deux auteurs (et de leur éminence grise), vous n'avez aucune raison de vous auto-flageller.
Vous arrivez sûrement à toucher votre nez avec votre langue ou à retourner votre pouce sur votre avant-bras, ce dont nous sommes fichtrement incapables.

Mettez-vous à la page !

Venez donc nous rendre visite sur la page de l'Hackadémie, car vous y trouverez du contenu très différent de ce que vous avez lu dans ces pages. Nous y publions bien sûr des définitions... mais nous sortons du strict cadre lexicographique pour diffuser des cocasseries plus visuelles, très souvent liées à l'actualité (cf. page suivante !).

Si vous avez la moindre remarque, suggestion, critique, insulte ou demande en mariage à formuler (cette dernière sera refoulée dans la foulée, mais ça fait toujours plaisir), venez nous le dire sur notre page Facebook.

Si vous êtes du genre moderne, vous y accéderez par le truchement de ce QR code.

L'HACKADÉMIE SUR FACEBOOK

NOTES

**Devenez Hackadémiciens :
Créez ici vos propres définitions...**

Et partagez-les sur notre page Facebook !

NOTES

NOTES